5-Minuten-
Lektüre
fürs stille Örtchen

arsEdition

INHALT

DAS ÖRTCHEN & CO.

DRINGENDE GESCHÄFTE

*	Wenn's mal schnell(er) gehen muss …
**	Für mittlere Sitzungen …
***	Für längere Sitzungen …

Morgenelend vor dem Badezimmer

Christine Nöstlinger

Eine Mutter berichtete mir, dass ihr Sohn in letzter Zeit von dem, was die Schule zu bieten hat, nicht angetan war und ihr fernbleiben wollte.

Als ein Taferlklassler – ohne die raffinierten Schwänzermöglichkeiten der reiferen Jugend – verfiel er auf die verzweifelte Idee, gleich nach dem Erwachen aufs Klo zu gehen, um sich dort einzuschließen. Weder freundliches Locken noch wildes Pochen noch Drohungen konnten ihn zum Verlassen des Örtchens bewegen. Er rief bloß: »Ich bin noch nicht fertig!« Ein Psychologe riet zur Geduld. Man müsse, sagte er, den Grund des Schulunwillens erforschen; dann werde sich der Klotick von selber geben.

Die Mutter wäre zu dieser geduldigen Methode bereit gewesen, hätte der Knirps nicht das Klo als Zuflucht gewählt. Aber in diesem Haushalt gibt es auch noch einen Vater und zwei Töchter! Herzzerreißende, nervenzermürbende Szenen spielten sich jeden Morgen vor dem Klo ab. Der Vater, ansonsten liberaler Erzieher, ließ sich zu Morddrohungen hinreißen, und die Schwestern waren willens, diese ohne Skrupel auszuführen.

Es gab einen Trick, das Kind aus dem Klo zu locken! Die Mutter rief: »Drei viertel acht! Wir müssen gehen!« Dann imitierten alle hastige Schritte und Aufbruch. Man riss die Wohnungstür auf, schlug sie wieder zu, schlich leise zum Klo und wartete mit angehaltenem Atem, bis der getäuschte Knabe die Tür öffnete. Dann entriss man ihm die Tür, stieß ihn ins raue Leben hinaus und stritt nun untereinander, wer in größerer »Not« und in welcher Reihenfolge das Örtchen nun zu benutzen sei.

Eine Woche währte dieser unwürdige Zustand, dann beendete ihn die Mutter durch Abschrauben des Türriegels. Diese Geschichte, so sonderlich sie ist, ist aber nur die Zuspitzung eines Morgenzustands, der in allen Familien von einiger Größe auftritt. Es gibt ja nicht nur verzweifelte Knirpse, sondern auch hartleibige Dauerhocker und Kloleser und Bauchwehkranke. Und wenn der Lokus nicht Ursache des Morgenelends ist, ist es das Bad.

Schon eine Tochter, die das hygienische Recht wahrnimmt, zu duschen, Wimmerl auszudrücken und sie unter perfektem Make-up zu verdecken, bringt alle andern in Morgenpanik. An das schreckliche Los derer, denen satanische Bauherren das Klo ins Bad gebaut haben, will ich gar nicht denken! Warum es in Wohnungen für größere Familien nicht schon längst zwei Klos gibt und im Bad mehrere Waschbecken, ist rätselhaft, denn für alle Architekten ist das eine Selbstverständlichkeit! – Zumindest in ihren eigenen Wohnungen.

Christine Nöstlinger, »Morgenelend vor dem Badezimmer«, in: *Eine Frau ist kein Sport. Das Hausbuch für alle Lebenslagen.* Hrsg. von Hubert Hladej © 2011 Residenz Verlag im Niederösterreichischen Pressehaus Druck- u. Verlagsgesellschaft mbH, St. Pölten – Salzburg – Wien.

Quauteputzli

Axel Hacke

Ab und zu, etwa alle zwei Monate, stehe ich morgens im Bad und denke nur ein einziges Wort, zum Beispiel, sagen wir das Wort Quauteputzli.

Ich weiß nicht, ob das klar ist: Ich habe wirklich nur dieses eine Wort im Kopf. Es verdrängt jeden Gedanken, wie ein Kuckuck seine Stiefgeschwister aus dem Nest schmeißt. Ich betrachte mich müde im Spiegel und denke: Quauteputzli. Ich mache den Wasserhahn an: Quauteputzli. Ich rasiere mich quauteputzli, dusche quauteputzli, trockne mich quauteputzli ab, quauteputzle mir die Zähne. So ist das.

Ich will es nicht. Ich will nicht Quauteputzli denken. Ich will Gedanken haben über die Nacht und den Tag. Aber ich kann nichts tun. Das Wort beherrscht mich. Durch mein Gehirn fahren Bulldozer, um es wegzuschieben. Ich lasse es von stämmigen Wörtern namens Bulle und Cop in Ketten legen und in einen finstern Kerker werfen. Ich würge das Wort, bis ihm die Vokale aus dem Leib treten: Qtptzl. Aber es schüttelt sich und steht wieder in voller Größe da. Quauteputzli.

Es ist das aztekische Wort für Mundwasser, und ich habe es in einer Glosse über die Geschichte der

Zahnbürste gelesen. Aber das ist ja noch kein Grund, mich so in Beschlag zu nehmen! Jeden Tag lese ich haufenweise Wörter: Gestern zum Beispiel stand in der Massagepraxis eine Flasche mit Sterilisierwasser, aber auf das Etikett hatte jemand »Stellerisierwasser« geschrieben. Aber ich denke jetzt nicht Stellerisierwasser. Ich denke – genau!

Irgendwo habe ich einmal gehört, jeder Mensch trage in sich Originalzellen von Vorfahren, die seit vielen Jahrhunderten tot sind, selbst von Adam oder Eva. Vielleicht hatte ich einen aztekischen Vorfahren, den Erfinder des Mundwassers möglicherweise, und ausgerechnet die Gehirnzelle, in der er die Bezeichnung für seine Erfindung gespeichert hatte, ist auf mich überkommen, geriet in der Nacht außer Kontrolle wie eine Krebszelle, terrorisiert nun mein Gehirn. Oder ist es vielleicht eine Art Computervirus? Soll es ja geben, dass Leute morgens ihren PC anschalten und Texte aufrufen, die sie am Tag zuvor eingegeben haben – das Virus aber hat in der Nacht alles aufgegessen. Und überall steht nur noch: Quauteputzliquauteputzliquaute ...

Vielleicht bin ich auch krank und müsste mich behandeln lassen, bevor sich schlimmere Wörter meines Kopfes bemächtigen und ich etwas sehr Böses tue, an das ich mich hinterher beim Gerichtspsychiater nicht erinnern kann. Oder ich sollte, im Gegenteil, die Sache ganz gelassen sehen: Junge, kommt vor, hat jeder mal. Wird sich halt austoben, das Wort in deinem Kopf. Wenn es müde ist und sich nicht mehr wehren kann, spuckst du's in die Kloschüssel.

Na ja, wie gesagt, es geht auch wirklich immer vorbei, tritt nur alle zwei Monate auf, und es gibt Schlimmeres. Aber unangenehm ist es schon.

Axel Hacke, »Quauteputzli«, in: *Das Beste aus meinem Leben*
© 2006 Verlag Antje Kunstmann GmbH, München.

Eine sehr kurze Geschichte

Clemens J. Setz

Nach einem langen und harten Arbeitstag im Büro stellte Lilly fest, dass auf ihren Schulterblättern kleine Flügel gewachsen waren: schmutzig rosafarbene, verletzlich wirkende Hautgebilde, die wie Gelsenstiche juckten und sich von ihr mit einiger Willensanstrengung sogar ein wenig hin und her bewegen ließen. Vor lauter Angst schnitt Lilly die Flügel mit einer Schere ab und spülte sie im Klo hinunter.

Sie überlegte, ob sie vielleicht nachwachsen würden, aber diese Sorge erwies sich als unbegründet.

Die Flügel kamen nie mehr wieder, egal wie lang und hart Lillys Arbeitstage auch waren, bis ans Ende ihres kurzen Lebens.

Clemens J. Setz, »Eine sehr kurze Geschichte«,
in: *Die Liebe zur Zeit des Mahlstädter Kindes. Erzählungen.*
© 2011 Suhrkamp Verlag, Berlin.

Pause auf dem Töpfchen

Kurt Tucholsky

Wenn einer und er kommt mit einem Freunde zusammen, den er lange nicht gesehen hat, und sie unterhalten sich so eifrig und recht beflissen, einander nun alles, aber auch alles mitzuteilen, was sich in der Zwischenzeit ereignet hat (es können auch weibliche Freundinnen sein), und wenn sie dann so mittendrin sind im Gerede, im Geruddel, im Geklatsch und im Gekakel, dann kann es wohl geschehn, dass der andre zum einen oder der eine zum andern sagt: »Wart mal – einen Moment!« und geht hinaus, wo die weißen Handtücher hängen und die Badelaken, und da hält er sich dann auf und überdenkt es sich. Der andre überdenkt es sich auch.

Und wenn dann der gegangen Seiende wieder ins Zimmer tritt, dann hat sich bei beiden so viel Neues angesammelt, das ihnen unterdessen eingefallen ist, sie müssen es sich nun ganz schnell mitteilen, sodass sie übereinander herfallen wie die Gack-Gack-Enten, und sie müssen ganz schnell sprechen, beide zugleich, und sich überbieten, wer schöner kann und wer lauter – und es ist ein großes Einvernehmen, das da anhält, na, mindestens bis zum nächsten Morgen.

Merk:
Aufs Töpfchen gehn fördert die Freundschaft.

Merk:
Es gibt nur eines, das die Freundschaft
noch mehr fördert:
Den Freund nie auf die Probe zu stellen,
die Freundin nicht, niemand.
Denn einer, der sein Leben lang einen
Lederbeutel voller bunter Steine hütet,
die er für Edelsteine hält, der ist reich.
Auch, wenn es bunte Glasstückchen sind.
Er darf nur den Beutel nicht aufmachen.

Gott erhalte uns die Freundschaft.
Man möchte beinah glauben, man sei nicht allein.

Wir reden gerade so nett

Doris Dörrie

Sie starrt seit ein paar Minuten auf ihr Lachscarpaccio und sagt nichts mehr. Worüber hat sie nur geredet? Schnecke, sage ich. Keine Antwort. Ist was? Sie hebt nicht den Blick. Ihr Haaransatz färbt sich rosarot, ein leichtes Zucken fährt über ihre Kopfhaut wie bei einem Pferd, das eine Fliege verscheucht. Dann tropft die erste Träne in ihre Vorspeise.

Ich strecke meine Hand nach ihr aus, das ist ein Fehler. Sie reißt den Kopf hoch, sieht mich bitterböse an, steht auf, wirft dabei das Weinglas um und geht auf die Toilette. Nein, sie geht nicht, sie stampft. Sie schafft es, dass sich das ganze Lokal nach ihr umdreht – und dann nach mir. Dort sitzt er, der Übeltäter, Bösewicht, Frauenschänder. Ich lächle unschuldig, senke jetzt meinerseits den Kopf und wünsche mir sehnlichst eine Zeitung. Ich bin so müde, so schrecklich müde. Der Kellner kommt, beseitigt wortlos die Weinpfütze und das umgeworfene Glas. Wie ein Idiot sitze ich da und male Muster mit der Gabel ins Tischtuch. Ich wollte ganz friedlich mit meiner Frau essen gehen, das war

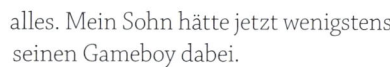

alles. Mein Sohn hätte jetzt wenigstens
seinen Gameboy dabei.

Natürlich läuft die Wimperntusche.
Wasserfeste gibt es einfach nicht,
ganz gleich, was die Werbung sagt. Es
ist kalt auf dem Klo. Ich verabscheue
ungeheizte Klos. Ich sitze auf der
Brille und heule wie ein Schlosshund.
Ich habe mich wirklich zusammen-
genommen. Gelächelt, erzählt von
meinem Alltag im Büro und mit den
Kindern, gelächelt, geredet. Stumm
wie ein Fisch sitzt er da, starrt in
seinen blöden Meeresfrüchtesalat
und kriegt das Maul nicht auf.
Hast du was? Er antwortet
nicht, sieht abwesend im
Restaurant umher, als befände
er sich auf dem Flughafen. Bin nur müde,
brummt er. Ich hätte gute Lust, ihm mein
Lachscarpaccio über die Rübe zu hauen.
Was glaubt er denn, wie ich mich fühle?
Im Taxi bin ich kurz eingenickt, das gebe
ich zu. Aber trotz aller Erschöpfung stren-
ge ich mich an, dem allabendlichen Trott
die Stirn zu bieten, kämpfe wie ein Löwe
um ein wenig zivilisierte Konversation.

Nur ein paar Sätze. Ist das denn zu viel verlangt?

Ich weiß nicht, wie sie das durchhält. Den ganzen Vormittag redet sie im Büro und dann nachmittags mit den Kindern, und abends will sie immer noch reden. Richtig reden, nennt sie das. Ich habe einfach nicht ihre Energie. Fühle mich wie ein warmes Cola. Verdammt. Es sollte ein schöner Abend werden.

Warum kann ich nicht so sein wie der Typ am Nebentisch? Jung, dynamisch, frisch und ausgeruht schwatzt er intensiv auf seine Partnerin ein. Ich weiß nicht, aber Männer, die so viel reden, sind mir suspekt.

Früher, als wir noch das ganze Wochenende im Bett liegen konnten und ich nicht schon um acht Uhr mit irgendwelchen Playmobilmännchen über den Teppich kriechen musste, habe ich, glaube ich, mehr geredet. Die Dame am Nebentisch schweigt ein bisschen viel. Jetzt senkt sie den Kopf so tief über ihren Teller, dass ich den sauber gezogenen Scheitel sehen kann, der Mann fasst sie am Arm, sie schüttelt ihn ab, springt auf, wirft die Serviette in ihren Salat und marschiert im Sturmschritt auf die Toilette. Der Mann ist ein wenig rot geworden, vorsichtig sieht er sich um, unsere Blicke treffen sich, ich nicke ihm zu.

Eine Frau kommt weinend hereingestürmt. O Gott, stöhnt sie in den Spiegel, und warum heulen Sie?

Ich zucke die Achseln. Es sollte ein schöner Abend werden. Welches Mascara nehmen Sie? Absolut wasserfest, sage ich. Meins auch, sagt sie. Wir lächeln uns schüchtern zu und tupfen uns die verschmierte Wimperntusche aus dem Gesicht. Ich bin abends fix und fertig, sagt sie in den Spiegel, ich kann noch nicht mal mehr muh sagen. Und er will sich unterhalten. Aber mein Kopf ist abends so leer wie ein ausgepustetes Ei. Nichts mehr drin. Kein einziger Satz. Das macht noch unsere Beziehung kaputt, schnieft sie.

Sie strengen sich einfach nicht genug an, sagt er und signalisiert dem Kellner, seine Teller und sein Glas an unseren Tisch zu bringen. Doch, widerspreche ich, aber meine Kraft reicht abends noch fürs Vorlesen für die Kinder, dann falle ich auf die Couch und mache den Fernseher an. Tut mir leid. Nicht anders als mein Vater. Aber Fernsehen kann durchaus meditativ sein.

Aha, sagt er.

Wenn es richtig schlecht ist. Das ist wunderbar. Ich versenke mich in diese gigantische Idiotie, und nach ein paar Stunden stimmt mich das durchaus heiter. Nur reden kann ich nichts.

Sollten wir sie vielleicht holen?, fragt er.

Wie die Deppen vor der Klotür stehen und winseln: Kommt doch bitte raus?, wende ich ein. Außerdem reden wir gerade so nett.

Da haben Sie recht, sagt er.

Beine hoch, Glotze an, sagt sie. Nicht denken, nicht reden, nur glotzen. Wunderbar. Und dann sitzt er stumm und beleidigt neben mir und sieht mich von der Seite vorwurfsvoll an.

Sollten wir vielleicht rausgehen, schlage ich vor.

Ach, sagt sie, ich weiß nicht, wir reden gerade so nett.

Doris Dörrie, »Wir reden gerade so nett«, in: *Ruckzuck*. Hrsg. Daniel Kampa © 2008 Diogenes Verlag AG, Zürich.

Die Glücksbringerin

Lena Hach

Kurz bevor die Tür des Haupteingangs hinter mir zufällt, höre ich noch, wie mein Rad scheppernd zu Boden kracht. Ich drehe mich um und überlege kurz, ob ich es wieder richtig hinstellen soll. Aber »richtig« steht es da sowieso nicht: Die offiziellen Fahrradständer sind auf der anderen Seite des Uni-Gebäudes. Trotzdem sammeln sich hier jeden Tag die meisten Räder an, wenn es so nass ist wie heute, mit über den Sattel gespannten Plastiktüten. Auf die habe ich heute verzichtet; in einer Viertelstunde beginnen die Prüfungen und vorher muss ich unbedingt zu den Toiletten.

Vor dem Paternoster wartet niemand und ich kann gleich einsteigen. Wieder einmal frage ich mich, woher der klerikale Name für diesen Retro-Aufzug kommt, bei dessen Anblick alle Medienwissenschaftler sofort zu einem Musikclip inspiriert werden. Auf dem kleinen Blechschild an der Wand steht, dass man auch zu zweit in die engen Kabinen darf. Aber kaum einer steigt zu jemand Fremdem dazu. Wohl um dem Synchron-an-die-Decke-Starren zu entgehen. Es erinnert mich an das Im-Wartezimmer-wird-nur-geflüstert-Phänomen. Aus meiner

Hosentasche krame ich einen Zettel hervor und vergewissere mich, wo ich hin will:
3. Stock, Quergebäude 2.

Ich steige aus, blicke um die Ecke und sehe schon die ersten Prüflinge. Prüflinge erkennt man immer sofort: nervöses Getratsche über Vorabendserien (zur Ablenkung), unterbrochen von eindringlichen, auf den Prüfungsstoff bezogenen Fragen (zur endgültigen Verwirrung). Außerdem gibt es immer einen, der abseits der anderen irgendwelche Formeln, Regeln oder Zitate wie ein Mantra vor sich hin murmelt.

Heute lehnen die meisten Prüflinge an der Wand, nur wenige sitzen auf den Edelstahlbänken. Die Bänke sehen stylisch aus, sind zu hoch geraten und geben einem das Gefühl, ein Erstklässler zu sein, dessen Füße viel zu weit über dem sicheren Boden schweben. Wäre ich heute dran, würde ich auch die Wand vorziehen.

Fast alle Prüflinge sind Frauen. Germanistik eben. Das kommt mir ganz gelegen, so kann ich den Besuch auf der Herrentoilette guten Gewissens ausfallen lassen. Ich habe einmal einen meiner Professoren am Pissoir erwischt, der mir seitdem immer verschwörerisch zuzwinkert, wenn wir uns im Gang begegnen. Das muss ich nicht noch mal haben.

Als ich an den Studenten vorbeischlendere, versuche ich das aufmunternde Nicken, das ich heute Morgen vor dem Spiegel geübt habe. Sie starren weiter in ihre Aufzeichnungen, wissen nichts mit mir anzufangen. Aber das macht nichts, das bin ich genauso gewohnt wie Peter Parker alias Spiderman.

Alle vier Kabinen der Damentoilette sind frei. Aus meiner Jackentasche hole ich die Rolle mit den 1-Cent-Stücken, frisch von der Bank, und friemel mit geübten Fingern das Papier ab. Vor jede Klo-schüssel lege ich eines der Cent-Stücke. Dabei achte ich darauf, dass die Münzen in jeder Kabine an einer etwas anderen Stelle liegen, mal auf den vorderen Fliesen, mal weiter hinten. Falls einer der nervösen Prüflinge ein Klo nicht sauber genug findet und in eine zweite Kabine schaut und so vielleicht beide Geldstücke entdeckt, soll er sie wenigstens nicht an der gleichen Stelle liegen sehen. Glück gibt es nicht geordnet, so was zählt nicht. Alles muss zufällig aussehen.

Als ich die Tür höre, gehe ich schnell zum Waschbecken und zupfe ein bisschen an meiner Frisur herum. Durch den Spiegel beobachte ich, wer reinkommt. Es ist eine Blonde mit sehr rotem Pulli. Sie gehört ganz sicher zu den Prüflingen, ich habe sie draußen sitzen sehen. Das klappt ja wie am Schnür-chen! Ich freue mich und das altbekannte Ameisen-gefühl ist wieder da: Aufregung krabbelt wie kleine Tierchen unter meinem T-Shirt meinen Rücken hoch, über meine Schultern und färbt schließlich meine Wangen. Ich muss mich schütteln und strahle mein Spiegelbild an. Es trifft schon mal eine Richtige!

Die Studentin geht in eine der hinteren Kabinen. Die meisten Leute lassen das erste Klo aus. Meinen die wirklich, die hinten sind sauberer? Tatsache ist: In den vorderen muss ich viel seltener Münzen nachlegen, woraus ich schließe, dass die am wenigsten genutzt werden und daher noch am ehesten keimfrei sind. Ich spitze die Ohren, kann aber nicht hören, ob die Blonde ihren Glückscent vom Boden aufklaubt. Zuerst überlege ich, ob ich noch etwas Zeit schinden soll, um dann, wenn sie gegangen ist, gleich wieder eine neue Münze hinzulegen, entschließe mich aber doch dagegen. Es ist zu auffällig. Ich komme einfach in einer halben Stunde wieder und sorge für Nachschub. In der Zwischenzeit schau ich am Schwarzen Brett nach, ob neue Prüfungstermine feststehen, damit ich meine Arbeitszeiten abstimmen kann.

Abends bin ich mit Sandra verabredet. Da ich über dem besten China-Imbiss der Stadt wohne, bin ich bei meinen Freunden immer für die Nahrungsversorgung zuständig. In der fettigen Luft des Imbisses ordere ich einmal die Nummer 18 (für Sandra) und einmal die Nummer 4 ohne Hähnchenfleisch (für mich). Ohne dass ich sie zu bestellen brauche, legt die lächelnde Verkäuferin zwei verheißungsvoll golden eingepackte Glückskekse in die Tüte.

Sandra duscht noch. Sie hat nur auf den Türöffner gedrückt und ist sofort wieder im Bad verschwunden,

»Du weißt ja, wo alles ist« rufend. Die Küche ist so sauber wie immer, alles blitzt und blinkt mir zu, macht mir ein schlechtes Gewissen. Aus den Augenwinkeln glaube ich zu sehen, wie Meister Propper gerade noch schnell die Wandschranktür hinter sich zuzieht. Wäre ich ein neidischer Mensch, wäre ich neidisch auf Sandras angeborenen Sinn für Ordnung. Aber Neid gehört nicht zu meinen schlechten Eigenschaften.

Ich stelle die Plastiktüte mit unserem China-Fast-food auf die Herdplatte, hole die Glückskekse raus und reiße die glitzernde Folie auf. Dann begutachte ich die zwei Kekse. Die eine Verpackung ist so ordentlich gefaltet, dass kaum ein Spalt zu erkennen ist. Die andere aber hat eine breitere Öffnung, man kann den gelblichen Zettel darin sehen. Mit einer Fonduegabel und meiner speziell entwickelten Technik schaffe ich es, die eine Ecke des Zettels rauszuschieben. Kurz darauf liegt er in meiner Hand. Ich lese den darauf gedruckten Spruch.

Du solltest nicht blind vertrauen.

Dachte ich es mir doch, wieder nichts wirklich Erbauliches. So was kann Sandra nicht gebrauchen. Jetzt erst recht nicht, wo sie endlich wieder mal auf einer Wolke weit über dem Meeresspiegel schwebt und ihr Glück kaum fassen kann. Ich stecke den Zettel mit der pessimistischen Botschaft ein. Warum heißen die eigentlich Glückskekse?

Aus dem Extrafach meines Geldbeutels, da wo andere Leute Passfotos von Freund, Freundin und Dackel aufbewahren würden, hole ich ein paar kleine rechteckige gelbe Zettel hervor: das Ergebnis meiner viermonatigen Sammlerzeit. Ich gehe die Sprüche und Weisheiten durch. Es ist schwer, sich für einen Aufdruck zu entscheiden, da ich sowieso nur die guten Zettel aufhebe. Schließlich nehme ich »Genieße. Du hast es dir verdient« und schiebe ihn in den Keks. Dann lege ich den Keks auf die Styroporschachtel, auf die mit Edding eine fette 18 geschrieben ist.

»Wo genau habt ihr noch mal Urlaub gemacht?« Höflich stelle ich Sandra die Fragen, die sie hören will. Dabei konzentriere ich mich mehr auf den Reis vor mir, beziehungsweise das Huhn darin, dem ich auszuweichen versuche. Ich muss wohl zu undeutlich bestellt haben. Welche die richtigen Fragen sind, weiß ich so genau, weil Sandra mir jetzt schon zum dritten Mal sehr ausführlich von dem ersten gemeinsamen Urlaub mit ihrem neuen Freund erzählt. Die Erlebnisse mit ihm werden bei jedem Erzählen einen Hauch spektakulärer. Aber irgendwie fühle ich mich trotzdem geehrt. »Du kannst so toll zuhören.« Den Satz höre ich oft, nicht nur von Sandra. Supermarktkassiererinnen, der Mann vom Schlüsseldienst und auch Uni-Dozenten haben bestätigt, dass Zuhörenkönnen definitiv zu meinen guten Eigenschaften zählt.

Meine schlechten Eigenschaften habe ich mir weitestgehend abtrainiert, was nicht ganz einfach war. Nichtverlierenkönnen, zum Beispiel. Das habe ich über die Feiertage mit meinen zwei Neffen geübt. Elf Partien Memory, viermal Schiffeversenken, einein-halb Durchgänge Monopoly und unglaublich viele Runden Maumau habe ich gespielt und mich nur bei zwei Niederlagen geärgert. Na gut, vielleicht waren es auch drei. Aufgefallen ist das Ärgern natürlich wieder mal keinem, das hat bei mir noch nie einer gemerkt. Runterschlucken kann ich nämlich auch ganz gut. Bis auf das Huhn da im Reis vor mir. Ich gebe auf und lege die Essstäbchen auf den Tisch. Ich dachte, die Frau vom Imbiss kennt mich und meine Abneigungen allmählich. Dann liest Sandra mir triumphierend ihre Glückskeksinnerei vor. »Tja, sieht so aus, als läuft bei mir alles perfekt«, seufzt sie strahlend und macht sich über meinen Reis her.

Einmal Dirty-Dancing-Gucken, das heißt gut neunzig Minuten, später sitze ich zu Hause an meinem

Schreibtisch. Vor mir der Fernsehturm, eine Tasse Tee und das Stadtmagazin. Eigentlich will ich die CD-Kritiken lesen, bleibe aber bei den Kontaktanzeigen hängen. *Langjähriger Junggeselle sucht Dame, gerne blond, für was immer geschehen mag,* und *Junggebliebener sportlicher Er sucht Tanzpartnerin, Größe egal.* Wie viele Rubriken es da gibt! Er sucht Sie und Sie sucht Ihn, natürlich auch Sie sucht Sie und Er sucht Ihn. Dass mir die vorher nie aufgefallen sind! Es gibt sogar eine Anzeige des Monats!

Ich brauche eine Weile, bis mir klar wird, was die meisten der Anzeigen gemeinsam haben, was mich an ihnen so fesselt: Es ist die Einsamkeit und der vergebliche Versuch, sie krampfhaft hinter locker-flockigen Formulierungen zu verstecken. Und es gibt so viele davon! So viele Anzeigen, so viele einsame, unglückliche Herzen in der Stadt. »Arme Würste«, fällt mir ein. So hat Sandra die Inserenten mal genannt, damals hatte ich gar nicht weiter darauf geachtet. Ich lese noch ein paar Anzeigen mehr, überwältigt von dem Verlangen nach Liebe, gepresst auf ein paar Quadratzentimeter Papier. Arme Würste. Muss das sein? Ich beschließe, Brieffreundin zu werden.

Kurz darauf habe ich drei Anzeigen armer Würste mit Kuli eingekreist. Die Entscheidung fiel mir nicht leicht, sie alle wirken so bedürftig. Aber fürs Erste werden diese hier glücklich gemacht: ein sportlicher

Widder, ein romantischer Skorpion und ein Maschinenbaustudent (1,87 m), der kein Astronomiefan zu sein scheint. Nachdem ich mir Tee nachgeschenkt habe, sitze ich vor einem weißen Bogen Papier, male Spiralen und überlege, was der passende Briefanfang für einen sportlichen Widder ist. Doch kaum habe ich die Anrede hinter mich gebracht (ein einfaches »Hallo« plus Name erscheint mir am diplomatischsten), geht das Schreiben überraschend leicht. Mein Text ist in allen drei Briefen fast der gleiche, abgesehen von meinen Hobbys, die ich leicht an die Vorlieben der Männer angepasst habe. (Meine gute Eigenschaft, Ehrlichkeit, muss somit für ein größeres Ziel weichen: das Streicheln von Männerseelen.) Als ich die Chiffre-Nummern auf die Umschläge schreibe, bemühe mich um eine schön geschwungene Schrift. Wenn man schon wenig Post bekommt, soll die wenigstens perfekt sein. Außerdem habe ich für den Touch Weiblichkeit, nachdem sich meine Kandidaten sicher sehnen, eine lilafarbene Patrone in meinen Füller gesteckt. Die Vorstellung, wie die drei sich über die Briefe freuen werden, treibt mir eine Horde Ameisen über den Rücken. Ich kann vor Aufregung kaum schlafen.

Sie alle antworten mir innerhalb einer Woche. Wie sich herausstellt, ist der Maschinenbaustudent ebenfalls Widder. *Ich wollte keine potenzielle Freundin durch*

*das falsche Tierkreiszeichen abschrecken,
man weiß ja, wie eigen Frauen da sind.*
Seine Angst vor Ablehnung bringt
mich aus der Fassung, sein Bedürfnis
nach Nähe ist noch größer, als ich
vermutet hatte. In diesem Moment
wird mir meine Position erst richtig
bewusst. Und ich genieße die Macht
und die Verantwortung und nehme
meine Aufgabe ernst, den trostlosen
Alltag dieser drei Männer mit einer
dicken Portion Glück zu bereichern.

In den folgenden Wochen perfek-
tioniere ich meine Handschrift
und bilde mich auf unterschied-
lichen Gebieten weiter: Mit
Widder 1 führe ich Gespräche
über das Mittelalter und die Kreuz-
züge, mit dem Skorpion rede ich über die
freiwillige Feuerwehr, mit Widder 2 über
alles andere. *Ich will alles von dir wissen.* Ich
versuche, mich mit Informationen über
mich zurückzuhalten. Dafür ermuntere ich
die Männer, von sich zu schreiben. Und was
auch immer sie von sich erzählen, ich finde
es toll, verfasse Lobeshymnen in Schreib-
schrift. Ich will ihnen mit meinen Briefen so

viel Selbstvertrauen und Selbstbestätigung wie nur möglich schicken, sie stark machen für die glitzernde und grausame Welt des Datens.

Beim Beantworten der Briefe verfolge ich einen strikten Zeitplan. Zwei Tage nach Erhalt eines Briefes warte ich, dann schreibe ich zurück. So wissen meine Schützlinge immer, wann sie mit einem Brief von mir zu rechnen haben. Habe ich mal keine Lust zu schreiben, brauche ich mir nur die Enttäuschung meiner Brieffreunde vorzustellen, wenn sie nicht den herbeigesehnten Brief im Briefkasten finden, und schon sitze ich mit gezücktem Füller an meinem Schreibtisch. So viel hängt von mir ab.

Um den Überblick zu behalten, lege ich mir ein kleines Heft zu. Hier hat jeder der drei einen eigenen Abschnitt samt eigener Farbe. In grüner Tinte steht da zum Beispiel: W 1 nach Prüfungsergebnis fragen, in Blau: S viel Glück für Motorradprüfung wünschen. Ich habe kaum noch Zeit für Sport oder zum Shoppen: Das Schreiben der Briefe nimmt viel Zeit in Anspruch, außerdem hat die Prüfungsphase an der Uni begonnen, und ich muss öfter zu den Toiletten, Glück verteilen.

Entschädigt für den Aufwand bin ich, wenn ich in der krakeligen Schrift des Skorpions einen Satz lesen kann wie »Wenn einer deiner Briefe auf mich wartet, ist der Tag gerettet«. Man sollte mehr arme Würste glücklich machen. Für die Semesterferien nehme ich mir fest vor, zwei weitere Brieffreunde zu suchen, die es ebenso nötig haben. Die geplante Hausarbeit verschiebe ich auf das nächste Semester.

Es ist auch ebendieser Skorpion, der mir ein Treffen vorschlägt. *Ich kenne einen unglaublichen Italiener hier im Viertel. Das Pesto macht süchtig.* Ich muss lachen, der kitschige Vorschlag, sich bei einem Italiener zu treffen, kann nur von ihm kommen, keiner meiner anderen beiden Jungs käme auf die Idee. Dann wird mir klar, wie prekär die Lage ist. Ganz eindeutig hat der Skorpion vor, unsere Beziehung auf die nächste Ebene zu bringen – was mir nicht so recht ist. So war das nicht gedacht.

Nachts liege ich wach. Der Vorschlag des Skorpions flitzt wie eine Flipperkugel in meinem Kopf hin und her. Wenn ich mich nicht mit ihm treffe, wird er enttäuscht sein, vielleicht sogar sein mühsam aufgebautes Selbstvertrauen verlieren, womit meine ganze Arbeit dahin wäre. Sicher geht es ihm immer so: Alle Frauen verschwinden, sobald es ernst wird. Also muss ich mich mit ihm treffen. Ich muss ihm zeigen, dass er es wert ist, geliebt zu werden. Auf keinen Fall darf er auf die Idee kommen, er wäre nur der Kumpeltyp. Der Kumpelkomplex ist das Schlimmste.

Alle wollen mich nur als besten Freund. Das darf er nicht denken. Also muss ich bei unserem Treffen eindeutige Signale senden. (Denn dass an einem Date kein Weg vorbeiführt, wenn nicht alles umsonst gewesen sein soll, ist jetzt klar.)

Signale also. In meinem Kopf stelle ich eine Liste zusammen: Küsschen zur Begrüßung, Lächeln, ihn mit leicht schrägem Kopf und präsentiertem Hals anblicken, ihn beim Zum-Glas-Greifen zufällig mit der Hand berühren, Kichern. Vielleicht auch etwas Füßeln. Und wenn sein Bedarf nach Nähe und Liebe allzu groß ist, werde ich ihn eben richtig küssen. Mit geschlossenen Augen und Zunge. Was ist schon dabei? So kurz vor dem Ziel in meinem Projekt Einsame-Herzen-Beglücken mache ich nicht kehrt. Die Ameisen sind wieder da und breiten sich unter meinem Nachthemd aus. Und dann kann ich schlafen.

Zehn Tage später bestellt der Skorpion überraschend weltmännisch »wie immer, Antonio« und stößt mit mir an. Schon bald kommt der Kellner mit einer großen Platte, beladen mit Meeresfrüchten. Ich überlege gerade, ob ich ihn zum Abschied wirklich küssen will, wenn er Oktopussaugnäpfe zwischen seinen Zähnen hat, da hält er mir ein labberiges Stück Irgendwas vor die Nase. Der Skorpion freut sich: »Das musst du probieren, göttlich, gött-lich.«

Wie er »göttlich« sagt – er betont beide Silben –, aus welchem Film er das nur hat? Der Skorpion fuchtelt mit der Gabel vor meinem Gesicht herum, nickt mir auffordernd zu. Ich hätte schreiben sollen, dass ich Vegetarierin bin. Ich hätte ehrlich sein sollen. Stattdessen habe ich mich mit ihm über verschiedene Zubereitungsarten von Haxe unterhalten. *Knusprige Haxe und braunes Sößchen, dazu Klöße, das wär meine Henkersmahlzeit.* Jetzt ist es zu spät. Ich blicke in seine strahlenden Augen und weiß, dass ich ihm diesen Moment nicht versauen darf. Ich beiße ab.

Der Hauptgang kommt und der Skorpion redet nicht mehr besonders viel. Das irritiert mich nicht, damit habe ich gerechnet: Er hat schließlich kaum Erfahrung mit Dates. Vielleicht bin ich sogar das erste richtige Date seines Lebens. Wahrscheinlich befürchtet er, vorhin zu viel geredet zu haben. Ich versuche, dem Skorpion die Schüchternheit zu nehmen: Immer wenn er von seinem Teller zu mir hochschielt, strahle ich ihn an. Sicher kann er sein Glück kaum fassen. Ein paar Mal grüßt er irgendwelche Leute, die das Lokal betreten. Er wollte sich wohl hier mit mir treffen, damit er mich rumzeigen kann. Also strahle ich auch die Ankommenden an und proste ihnen zu.

Zwei Tage später liegt ein Brief des Skorpions in meinem Briefkasten. Ich schmunzle, er ist drei Tage früher dran als sonst. Das habe ich auch gar nicht anders erwartet, er konnte es sicher kaum aushalten. Mal sehen, was er diesmal für ein Rendezvous vorschlägt. Oder ob es gleich ein Wochenendtrip nach Paris ist. Einmal treffe ich mich noch mit ihm, habe ich beschlossen, dann ist Schluss. Bis dahin habe ich ihn fit gemacht für die Liebe und er wird garantiert keine arme Wurst mehr sein. Bei einem Tee lese ich den Brief.

Liebe Maya,

danke für das Treffen. Du hast sicher auch gemerkt, dass unsere Wellenlänge nicht die gleiche ist. Ehrlich gesagt habe ich selten einen so langweiligen Abend verbracht. Leider bist du auch äußerlich nicht mein Typ. Ich glaube, unter diesen Umständen macht eine weitere Brieffreundschaft keinen Sinn. Alles Gute und viel Glück noch bei der Suche nach Mr. Right, M.

Zwanzig Minuten später steige ich im vierten Stock aus dem Paternoster. Heute sind Lateinprüfungen, bei denen ist die Durchfallquote immer besonders hoch. Diesmal bin ich früher, es steht noch kein Prüfling im Flur. Das ist wichtig. Ich stelle mich vor das Schwarze Brett und verschiebe die Magnete, ändere Namen, Prüfungszeiten, Räume. Dann streiche ich wahllos Namen von irgendeiner Bestanden-Liste. Auf dem Weg zur Mensa blicke ich alle mir Entgegenkommenden, die irgendwie nach Prüfling aussehen, finster und unheilvoll an. Als ich kurz darauf in der Cafeteria meinen mit hundertachtzig 1-Cent-Münzen bezahlten Kaffee trinke, sammle ich auf gelbem Papier kurze Sprüche: *Vertraue niemandem*, *Pass auf, was du tust* und *Auch deine Glückssträhne geht einmal zu Ende*.

Sicher fragt demnächst wieder mal jemand, ob ich ihm was vom Chinesen mitbringen kann, darauf will ich vorbereitet sein. Verlieren können war wie gesagt noch nie eine meiner guten Eigenschaften.

Lena Hach, »Die Glücksbringerin«, in: *Einmal Glück und zurück. Die besten Geschichten aus dem Maxi-Literaturwettbewerb* © 2005 Ullstein Buchverlage GmbH, Berlin.

Der Kampf mit dem Installateur

Ephraim Kishon

Was, so fragten unsere talmudischen Weisen, ist der Unterschied zwischen einem Installateur und dem Messias? Und die Weisen antworteten: »Der Messias kommt vielleicht noch in unseren Tagen.«

Eines friedlichen Vormittags wurde der Wasserhahn undicht und begann zu tropfen. Ich eilte sofort zu Stucks, dem einzigen Installateur in der Gegend, um ihn an das Krankenlager unseres Hahns zu bitten. Es war jedoch nur Frau Stucks zu Hause, die mir versprach, dass Stucks zu Mittag kommen würde.

Als Stucks auch am frühen Nachmittag nicht gekommen war, ging ich wieder zu ihm. Zu Hause war nur Frau Stucks. Sie sagte mir, sie hätte Herrn Stucks gesagt, dass er zu uns kommen solle, aber Herr Stucks hätte nicht zu uns kommen können, weil er zu jemandem andern gehen musste. Er würde jedoch am frühen Abend zu uns kommen.

Stucks kam am frühen Abend nicht und nicht am späten, und als ich zu ihm kam, war niemand zu Hause. Von den Nachbarn erfuhr ich, dass das Ehepaar Stucks ins Kino gegangen sei. Ich steckte einen Zettel ins Schlüsselloch: Herr Stucks möchte bitte am nächsten Morgen zu uns kommen, weil unser Wasserhahn einer Reparatur bedürfe.

Als ich am Morgen aufwachte und Stucks noch nicht da war, ging ich zu ihm. Ich erwischte ihn beim Verlassen seiner Wohnung. Er behauptete, dass er sich gerade auf den Weg zu mir machen wollte, aber da er mich jetzt sowieso getroffen hätte, wäre ich vielleicht damit einverstanden, dass er erst mittags zu mir käme, weil er vorher noch zu jemandem andern gehen müsse. Er würde um eins kommen, sagte er. Ich fragte ihn, ob er nicht um halb zwei kommen könnte, da ich um eins noch auswärts zu tun hätte. Nein, antwortete er, leider, seine Zeit sei zu knapp, entweder um eins oder gar nicht.

Ich wartete bis drei, und als er nicht kam, ging ich zu ihm. Er war nicht zu Hause. Seine Frau versprach mir, nach seiner Rückkehr dafür zu sorgen, dass er am nächsten Morgen oder spätestens gegen Mittag kommen würde.

Stucks kam weder am nächsten Morgen noch gegen Mittag. Als ich zu ihm kam, saß er beim Mittagessen und sagte, er hätte nicht kommen können, weil er so viel zu tun hatte, aber jetzt sei es endlich soweit, er würde nur noch rasch etwas essen und käme in einer Stunde.

Ich wartete bis zum Abend. Stucks kam nicht. Deshalb ging ich zu Stucks. Diesmal war niemand zu Hause. Ich setzte mich auf die Türschwelle, um zu warten. Gegen Mitternacht erschienen Herr und Frau Stucks. Ich fragte ihn, warum er mich bis in die Abendstunden vergebens hatte warten lassen. Weil er bis jetzt beschäftigt gewesen sei, sagte Stucks. Aber ich sollte mir, sagte Stucks, keine Sorgen machen, er käme ganz bestimmt morgen früh um halb sieben. Ich fragte ihn, ob er nicht um sieben kommen könnte. Nein, sagte er, völlig ausgeschlossen, halb sieben oder gar nicht. Schließlich einigten wir uns auf 6 Uhr 45.

Um zehn war er noch immer nicht da. Was tun? Ich ging zu ihm. Seine Frau – er selbst war nicht zu Hause – versprach mir, zu meinen Gunsten bei ihm zu intervenieren. Als ich fortging, lief sie mir nach und erkundigte sich, wer ich sei und was ich wolle. Ich informierte sie, dass unser Wasserhahn ständig tropfe und ob Herr Stucks nicht endlich kommen könnte, um ihn zu reparieren. Wenn Herr Stucks versprochen hätte, zu kommen, sagte Frau Stucks, dann käme er ganz bestimmt.

Da er bis zum Mittag nicht kam, suchte ich ihn auf. Er saß gerade beim Mittagessen und stellte mir sein Kommen in Aussicht, sobald er fertig wäre. »Wissen Sie was?«, sagte ich. »Ich warte hier auf Sie.«

Stucks beendete in aller Ruhe seine umfängliche Mahlzeit, stand auf, gähnte und streckte sich. Es täte ihm leid, sagte er, aber er sei gewohnt, nach dem Essen ein wenig zu schlafen. Damit verschwand er im Nebenzimmer. Ich blieb sitzen.

Um sieben Uhr abends gab mir Frau Stucks auf Anfrage bekannt, dass ihr Gatte schon längst das Haus verlassen habe, durch die Hintertüre. Aber wenn er zurückkäme, würde sie ihm sagen, ich hätte auf ihn gewartet.

Allmählich wurde mir bewusst, dass dieses ewige Hin und Her zwischen meinem und seinem Haus zwecklos war. Ich beschloss, bei Stucks sitzen zu bleiben. Um neun Uhr abends kam er und bedauerte, infolge der Hitze völlig vergessen zu haben, dass es mich überhaupt gab.

»Was wünschen Sie von mir?«, fragte er.

»Herr Stucks«, sagte ich, »wenn Sie nicht zu uns kommen wollen, dann sagen Sie's doch. Ich kann meinen tropfenden Wasserhahn ja auch von einem anderen Installateur reparieren lassen.« Stucks war betroffen.

»Aber warum sollte ich nicht kommen?« sagte Stucks. »Das ist ja mein Geschäft. Davon lebe ich.« Und er gab mir sein Ehrenwort, dass er morgen um sieben Uhr zur Stelle sein würde.

Mein Instinkt trieb mich bereits um sechs zu seinem Haus. Ich fing ihn gerade noch ab, als er es verließ. Er sei zu einer Reserveübung seiner Truppeneinheit einberufen worden, sagte er.
»Ich gehe mit Ihnen«, sagte ich.

Auf dem Übungsplatz ließ ich ihn nicht aus den Augen. Wir übten zusammen, entschärften einige Minen und entfernten uns gemeinsam.

»Gehen Sie ruhig nach Hause«, sagte er. »Ich ziehe nur rasch meine Zivilkleider an und komme Ihnen nach.«

Als er mir nach fünf Stunden noch nicht nach-gekommen war, ging ich zu ihm, fand ihn jedoch nicht vor. Seine Frau versprach mir, ihn über meinen Besuch zu unterrichten.

Am nächsten Morgen kaufte ich einen Revolver, ging zu Stucks und wartete. Zu Mittag kam er nach Hause, nahm die übliche Mahlzeit ein und schickte sich zum üblichen Nickerchen an. Ich fragte ihn, ob er etwas dagegen hätte, wenn ich seinen linken Arm mit einer

Handschelle an meinen rechten fesselte. Nein, sagte er, er habe nichts dagegen.

Wir schliefen etwa eine Stunde und machten uns dann auf den Weg zu meinem Haus. Plötzlich befreite sich Stucks von seinen Fesseln und rannte davon. Ich schickte ihm eine Salve nach. Er erwiderte das Feuer. Als ihm die Munition ausging, kam er mit erhobenen Händen auf mich zu, begleitete mich ohne weiteren Widerstand und reparierte den Wasserhahn. Gestern begann der Hahn wieder zu tropfen.

Ephraim Kishon, »Der Kampf mit dem Installateur«,
in: *In Sachen Kain und Abel. Neue Satiren*
© 1976 LangenMüller in der F.A. Herbig Verlagsbuchhandlung GmbH, München.

Ein Kuss

Gabriele Wohmann

Eine Erleuchtung: der Drogerie-Markt! Bis dahin müsste sie es schaffen. Nur noch die Ludwigstraße rauf, um die Ecke bei der »Bier-Akademie« und vorbei an der Schnellreinigung, beim Copyshop über die Straße, nun noch Pizza Hut (sie musste ihr Tempo drosseln, merkwürdigerweise war zwischendurch eine langsamere Gangart hilfreicher), die »Apotheke am Elisenbrunnen« – und dann endlich! Schon sah sie sich eintreten. Wann immer sie dort Vitamine und irgendwelchen Quellstoffkram kaufte, nie war im Drogerie-Markt was los. Allerdings wurde man dort mit keinem warm, kein Inhaber oder Filialleiter ließ sich blicken, das Verkaufspersonal wechselte, schaute zu Kunden nicht auf, wenn sie ihre Waren abstellten und zahlten. Die Mädchen heute würden sie für eine Fremde halten.

Eintreten war das nicht, sie stürmte den Laden. Während der letzten Schritte hatte sie auf Passanten nicht mehr achten können, ihre Konzentration wurde auf die körperliche Disziplinierung zusammengezogen. Glücksfall: im Verkaufsraum kein Kunde, und gleich an der dem Eingang nächsten Kasse sortierte ein Mädchen im weißen, blau abgesetzten Kittel der Drogerie-Markt-Kette Reklame-Zeitschriften, Blätter mit Sonderangeboten.

Eine Frage. Sie sprach das Mädchen an, sah in ein teilnahmsloses rundes Gesicht. Ich werde ihr exaltiert vorkommen, ging es ihr durch den Kopf. Diesem Mädchen war sogar Misstrauen zu viel Aufwand. Sie wusste nicht, ob das wirklich günstig wäre. In der Nähe rasselte ein Einkaufswagen, und sie bemerkte ein anderes Mädchen im Kittel. Es räumte Packungen in ein Regal.

Oder mehr eine Bitte: Dürfte ich Ihr WC benutzen? Sie grinste, das musste sein, obwohl sie keine Minute zu verlieren hatte, keine einzige mehr. Sie wissen ja, wie das ist, sagte sie.

Wir haben keine Kundentoilette, sagte das Mädchen. Es klang gleichmütig, als ginge es um eine Information über die architektonischen Verhältnisse des Drogerie-Markts.

Dann vielleicht bitte die fürs Personal? Zu verschenken hatte sie jetzt keine Viertelsekunde mehr.

Tut mir leid, die Personaltoilette ist nur fürs Personal da.

Vorschrift. Das andere Mädchen richtete sich zwischen den Regalen auf und schaute zu ihr hinüber. Also mach schon, feuerte sie sich an, eine Grinsgrimasse auch für diese Sture, gleichzeitig kam ihr eine gewiss nützlichere Idee: Ich habe keine großen

Projekte, wenn Sie das meinen, es ist nichts mit der Verdauung, nur der Kaffee.

An der übernächsten Ecke ist ein Café, fiel dem Mädchen an der Kasse ein.

Ich fürchte, ich schaff's nicht mehr bis dorthin. Das Gesicht, das sie jetzt hatte, kannte sie, es sah nach jungem Mädchen aus, hatte etwas Kumpelhaftes. Sie hoffte, es rückte sie um ein paar Altersstufen runter. Manchmal konnte sie auf andere richtig zeitgenössisch wirken.

Über ihren Einfallsreichtum in einem Zwangszustand wie dem ihren zu staunen, war sie kaum noch imstande, wohl aber dazu, recht kess rauszubringen: Wissen Sie, ich hab eine Verabredung, was Spezielles, wir kennen uns noch nicht näher, und da will man nicht mit so was kommen …

Das Mädchen mit dem Einkaufswagen, das hübschere, zog mit dem Einkaufswagen weiter. Pech, ihr war es als das zugänglichere erschienen, obwohl es dafür keinen Grund gab.

Wir haben hier für so etwas nichts vorgesehen. Das Mädchen ging in seinem Verschlag in die Hocke, schichtete Tragetaschen, und jetzt hievte es sich auf seinen hohen Drehstuhl hinter der Kasse. Da erst spürte sie, dass eine Kundin dicht aufrückte.

Oh, sagte sie, unterm ekligsten Leidensdruck immer noch höflich, ich stehe im Weg! Aber bei mir geht's nur um eine WC-Benutzung … Sie hatte mit halber Drehung der Kundin Platz gemacht, und gerade als sie sich *Gib's auf* befehlen wollte, wurde sie gebremst. Im Einkaufswagen der Kundin thronte über einem Warenhaufen ein Baby – oh weh, das Schlimmste kommt erst noch, erkannte sie und gleichzeitig das Baby mit dem winzigen Porzellangesicht, und auch das Baby erkannte sie und gestaltete sofort in seinem minimalen Gesicht ein kommunikatives Lächeln. Sie durfte es nicht enttäuschen, nicht nach allem, was sich zwischen ihnen abgespielt hatte! Nach ihrem gemeinsamen Flirt an der Busstation beim Gericht, wo sie und Mutter und Kind auf den Dreiundzwanziger gewartet hatten, eine Ewigkeit her, kam es ihr vor, und doch vor kaum mehr als anderthalb Stunden. Und auch die junge Frau durfte sie nicht enttäuschen. Eine Ausnahme-Mutter. Im Unterschied zu allen, deren Babys sie als Fremde gehuldigt hatte, reagierte diese hier erfreut. Man erregte keinen Verdacht, wenn man ihr Baby als Weltwunder pries und sogar hinzufügte, dass der kleine intensive Kontakt zwar vom Baby schnell vergessen würde, aber wahrscheinlich doch nicht folgenlos bliebe, selbst Embryonen sollte man ja herzerwärmende Eindrücke verschaffen, klassische Musik, Harmonie zwischen Menschen, all das.

Schlimm, fürchterlich schlimm, aber jetzt hatte sie einfach keine Zeit, stand unter entsetzlichem Druck, und wenn sie auch nur eine Minute verlöre, bloß um das Baby nicht zu kränken, und *Du bist grandios, so wundervoll* wiederholen müsste, dann würde es passieren ... Der Mutter raunte sie zu: Ich kaufe nichts ein, ich suche nur ein WC. Blöde Situation.

Die junge Frau griff nach ihren Waren auf dem Laufband und baute sie unter dem Hochsitz des Babys in den Einkaufswagen ein; sie lächelte etwas dienstlich, gar nicht mehr so wie an der Busstation, wirklich zerstreut. Doch das Baby, das Wunderwesen, es erwies sich als der einzige Mensch im Drogerie-Markt und auf der ganzen weiten Welt überhaupt. Blitzschnell durchschaute es ihre Pein, hörte auf damit, wieder anzubändeln, wurde ernsthaft, und in sein Porzellanköpfchengesicht trat ein listiger, solidarisch-komplizenhafter Ausdruck. Als der sich in geheimniskrämerischer Egotrip-Konzentration nach innen kehrte, da begriff sie, was das Baby sie lehren wollte: Pass auf, mach's wie ich.

Und was machte das Baby? Das Baby machte in seine Windeln.

Ich werde jetzt Ihre Personaltoilette benutzen, verkündete sie mit der vom Baby entfachten Energie, vom Baby ermutigt, strebte sie durch die angrenzende Regalreihe auf die offene Tür irgendwelchen Hinterräumen zu.

Kleiner Lebensretter, dankte sie dem Baby, als sie, nach der Flucht aus dem Drogerie-Markt erschöpft, befreit, erhitzt, ein paar Minuten später Mutter und Kind einholte. Auf dem schmalen Trottoir reichte der Platz nicht für zwei Personen nebeneinander, und auf dem Fahrradweg, den sie benutzte, wand sich ein Radfahrer mit dem Drohzuruf *Fahrradweg!* an ihr vorbei. Es hat mir wirklich beigestanden, erklärte sie der jungen Frau und heimste ein aussageschwaches Halblächeln ein.

Mein Schätzchen, ich wünsch dir, dass du nie einen Gehirntumor kriegst, nicht mal den gutartigsten. Pardon, sagte sie zur jungen Frau, das klingt vielleicht überspannt oder sogar verrückt, aber von mir ist das zur Zeit ... Eine Fahrradklingel schrillte feindselig hinter ihr.

Sie sind auf dem Radweg, sagte die junge Frau. Oh, ja. Also es ist für mich zur Zeit das Äußerste an Liebesbeweis. Sie können nicht wissen, warum, Sie finden's vielleicht ekelhaft ...

Sie haben sich aufgeregt, sagte die junge Frau, beugte sich, ohne anzuhalten, zum Baby in seinem Gefährt und stopfte unnötig an der Decke über dem Baby herum. Sie sind doch nicht krank?, fragte sie.

Nein nein, ich bin nicht die mit dem Tumor. Aber jemand, den ich ... na ja. Ich bin schon gegen alle Leute, und seien es die nettesten, verhärtet oder so was, weil sie stockgesund sind, und nur mein Oberliebling ... Mitleid ist was Schreckliches.

Zum Abmildern lachte sie und störte schon wieder einen Radfahrer. Ich mag nur noch Menschen, die Sorgen haben. Natürlich ausgenommen Ihr Baby.

Das tut mir leid. Sie haben heute Pech.

Schob die junge Frau die Kinderkutsche schneller? Und was hieß heute? Und klang sie nicht plötzlich so lahm wie die Drogerie-Markt-Mädchen? Sie fühlte sich schmutzig.

Ich bin nicht darin geübt, jemandem lästig zu sein. Und jeder hat sie, irgendwelche Sorgen. Es war ihr geglückt, mit dem faden Ton der anderen Gleichmut abzustrahlen und die gesamte unliebsame Vertraulichkeit wieder zurückzunehmen. Nur einen Blick auf das Porzellankopfbaby musste sie noch werfen, dann aber: nichts wie weg, schnell schnell weg mit ihr, mit dem schädlichen Eindruck.

Das Baby untersuchte, vollbeschäftigt mit der Gewissenhaftigkeit eines Nahrungsmittelprüfers, ein dickes Gebäckbruchstück. Die andere Faust bewegte es ruckhaft auf und ab. Köstlich! Wundervoll! Wie gern sie länger zugeschaut hätte! Was für ein Unglück, sich den verkniffenen Erlaubnis- und Verbotsanordnungen der Erwachsenen zu beugen.

Besser, ich lasse Sie beide endlich in Ruhe, sagte sie.

Ein Blick auf sie genügte dem Baby: Das war nicht die Zeit zum Schäkern.

Danke, du kleiner Bandit!

Hast mir sehr geholfen.

Mit seinem redlichen Realismus begutachtete das Baby zuerst das Gebäckstück, dann sie, und es war beide Male derselbe sachverständige Blick. Es grinste ein bisschen, brachte das Gebäckstück an den Mund, und beim Weitergehen, jetzt doch nicht überhastet, überlegte sie, was des Babys letztes Zeichen bedeutete. Ein Kuss? Ich bin noch nicht allein.

Gabriele Wohmann, »Ein Kuss«, in: *Wann kommt die Liebe*
© 2010 Aufbau Verlag GmbH & Co. KG, Berlin.

Der Ernst des Lebens

Thomas Rosenlöcher

Es waren einmal ein Mann und eine Frau, die liebten einander so sehr, dass sie auf der Stelle heirateten.

Die Hochzeit ging so vor sich, dass sie einen Kirschbaum bestiegen. Der Kirschbaum war in voller Blüte, sodass sie sofort unter Blüten verschwanden und keiner mehr sagen konnte, was sie da oben eigentlich trieben. Nur so viel, dass der Kirschbaum mehrmals kichernd auf und nieder wankte.

Dann begann der Ernst des Lebens. Der Ernst des Lebens war eine Wohnung im dritten Stock. Die Wohnung war ein wenig klein, sodass sie noch froh sein konnten, wenn sie genügend Platz darin fanden.

»Hauptsache, wir haben uns«, sagten sie. – »Mehr brauchen wir nicht.« – »Höchstens noch ein Ehebett.« – »Wieso.« – »Soll ich mein Leben lang auf dem Fußboden schlafen?« – »Dann aber gleich ein Himmelbett.« –

Durch das Himmelbett war schon etwas weniger Platz in der Wohnung. Dafür aber nun umso mehr Platz im Himmelbett. »Das soll der Ernst des Lebens sein?«, sprachen sie zueinander und fingen an, noch einmal Hochzeit zu feiern. Die Hochzeit ging so vor sich, dass ein Stockwerk tiefer die Lampen auf und nieder wankten und das Aquarium überschwappte.

»Hör dir das an«, sagte ein Stockwerk tiefer die Frau. »Das gibt sich in der Ehe«, entgegnete ihr Mann und sammelte die Fische ein, die auf dem Teppich lagen.

»Mehr brauchen wir nicht«, sprachen die Frischvermählten in ihrem Himmelbett. – »Höchstens noch ein Spülklosett.« – »Wozu.« – »Soll ich mein Leben lang aus dem Fenster pinkeln?«

Auch das Spülklosett fand in der Wohnung noch Platz. »Das soll der Ernst des Lebens sein?«, sprachen sie zueinander und gingen zumeist gleich gemeinsam aufs Klo. Und während der eine tat, was er musste, durfte der andere die Spülung bedienen.

Himmelbett und Spülklosett. »Mehr brauchen wir nicht«, sagten sie. »Höchstens noch eine Badewanne.« – »Wozu.« – »Soll ich mir mein Leben lang die Füße in der Schlotte waschen?« Durch die Badewanne war kaum noch Platz in der Wohnung. Dafür aber hatten sie nun umso mehr Platz in der Wanne.

»Das soll der Ernst des Lebens sein?«, sprachen sie zueinander und fingen noch einmal an, Hochzeit zu feiern. Das ging so vor sich, dass ein Stockwerk tiefer das Wasser durch die Decke tropfte.

»Es geht schon wieder los da oben«, sagte die Frau in der Wohnung darunter. »Das ist noch Liebe, mein Lieber!« – Die gibt sich in der Ehe«, entgegnete ihr Mann. Und leitete das Wasser aus der Lampenschale in sein Aquarium um.

Himmelbett, Spülklosett, Badewanne.

»Mehr brauchen wir nicht«, riefen die Frischvermählten. »Hunger«, sagte der Mann. »Wie bitte?«, fragte die Frau. »Einen Hunger habe ich.« – »Das kommt vom vielen Heiraten.« – »Kannst du mir keinen Truthahn braten?« – »Nein«, sagte die Frau.

»Was? Du kannst keinen Truthahn braten!«

»Nein«, sagte die Frau. »Und wieso kannst du keinen Truthahn braten?« – »Ohne Herd und Pfanne?« Auch Herd und Pfanne mussten irgendwie noch untergebracht werden. Dafür aber lernte der Mann nun anhand des Truthahnbratens die Ehe auch noch von anderer Seite schätzen.

»Und was machen wir jetzt?« – »Wir setzen unsre Ehe fort«, erwiderte der Mann. Anschließend gähnte er. Auch die Frau gähnte ein wenig.

Himmelbett, Spülklosett, Badewanne, Herd und Pfanne. – »Mehr brauchen wir nicht«, sagten sie. »Höchstens noch Kultur im Heim.« – »Wozu.« – »Nur durch Kultur im Heim hält sich eine Ehe auf Dauer«, behauptete die Frau. Dann ging sie außer Haus und kehrte mit einer Kuckucksuhr wieder. Und Mann und Frau saßen da und horchten, was der Kuckuck sagte.

Himmelbett, Spülklosett, Badewanne, Herd und Pfanne, Kuckucksuhr. »Mehr brauchen wir nicht«, sagten sie. »Höchstens noch etwas Geistiges.« – »Wozu.« – »Für den Kopf«, sagte der Mann.

Dann ging er außer Haus und kehrte mit einem Whisky pur wieder. Den er fortan immer trank, wenn der Kuckuck Kuckuck rief. –

Himmelbett, Spülklosett, Badewanne, Herd und Pfanne, Kuckucksuhr, Whisky pur. »Das brauche ich«, sagte er. »Ich nicht«, sagte die Frau. Dann ging sie außer Haus und kehrte mit drei Männern wieder. Die drei Männer schleppten eine Vitrine mit Löwenfüßen herein.

»Brauchen wir die?«, rief der Mann. »Aber ja«, rief die Frau. »So preiswert bekommen wir nie wieder ein derartig wertvolles Stück.« – »Ach so«, sagte der Mann. »Wohin?«, riefen die Männer und stellten die Vitrine auf dem Fuß des Mannes ab, sodass er große Mühe hatte, der Neuanschaffung Platz zu machen. –

Himmelbett, Spülklosett, Badewanne, Herd und Pfanne, Kuckucksuhr, Whisky pur, Protzvitrine. »Das brauche ich«, sagte die Frau. »Ich nicht«, sagte der Mann. Dann hinkte er außer Haus und kehrte mit einer Glotzmaschine wieder. –

»Du horchst ja immer noch«, sagte ein Stockwerk tiefer der Mann. »Sag bloß, du hörst noch was!« – »Nein«, sagte die Frau. »Nur noch das Übliche.« »Siehst du«, sagte der Mann. »Das habe ich dir gleich gesagt: In der Ehe gibt sich alles.« Dann ahmte er die Mundbewegungen der Fische im Aquarium nach.

Himmelbett, Spülklosett, Badewanne, Herd und Pfanne, Kuckucksuhr, Whisky pur, Protzvitrine, Glotzmaschine. Das war der Ernst des Lebens.

Das Ernste am Ernst des Lebens war, dass man gar nicht merkte, wie ernst das Leben war. Denn obwohl die Wohnung recht klein war, ging immer noch mehr hinein: Polsterbank, Wäscheschrank, Teppichkehrer, Rauchverzehrer. – Je mehr jedoch in die Wohnung hineingehen musste, desto seltener sahen sie sich. Und je seltener sie sich sahen, desto mehr brauchten sie, das in die Wohnung hineingehen musste: Rundumleuchter, Raumbefeuchter, Blumenständer, Freudenspender. – So konnte es geschehen, dass eines Tages die Frau, während sie soeben den Freudenspender putzte, auf einmal ihren Mann nicht mehr fand. Nicht einmal vor der Glotzmaschine, ja, selbst nicht hinterm Whisky pur, wohin er sich sonst immer zurückzuziehen pflegte.

Da nahm sie alles, was sie hatten, und schlug es kurz und klein: Freudenspender, Blumenständer, Raumbefeuchter, Rundumleuchter, Rauchverzehrer, Teppichkehrer, Wäscheschrank, Polsterbank, Glotzmaschine, Protzvitrine, Whisky pur, Kuckucksuhr, Herd und Pfanne, Badewanne, Spülklosett, Himmelbett. »Das brauchen wir nicht!«, rief sie. Unter dem

Himmelbett lag ihr Mann. »Bist du es?«, fragten sie einander. Dann heirateten sie noch einmal von vorn.

Die Hochzeit ging so vor sich, dass sie einen Kirschbaum bestiegen. Der Kirschbaum war in voller Blüte, sodass sie sofort unter Blüten verschwanden und keiner mehr sagen konnte, was sie da oben eigentlich trieben. Nur so viel, dass der Kirschbaum mehrmals kichernd auf und nieder wankte. –

Ich selbst habe darunter gestanden und war ganz von Blüten beschneit.

Thomas Rosenlöcher, »Der Ernst des Lebens«,
in: *Liebst Du mich ich liebe Dich. Geschichten zum Vorlesen*
© 2002 Insel Verlag, Frankfurt am Main.

Der überängstliche Hausverkäufer

Karl Valentin

VALENTIN: *(zum Käufer)* Guten Tag, Sie wünschen?

KÄUFER: Ich komme wegen dem Haus[.]

V: Sie meinen wegen dem Häuschen?

K: In der Zeitung steht aber Haus[.]

V: Nein, es ist ein kleines Haus, ein Häuschen[.]

K: Ah, ein Häuslein, steht das Häuschen im Freien?

V: Da steht es doch[.]

K: Ich komme auf das Zeitungsinserat, Sie haben doch
das Haus zu verkaufen, ist das hier das Haus?

V: Jawohl! Ich verkaufe es ungern, aber ich bin froh,
wenn ich es los bin[.]

K: Wieviel Stockwerke hat das Haus?

V: Keines, nur Parterre[.]

K: Ist es bewohnt auch?

V: Momentan nicht, weil ich heraussen stehe.

K: Wieviele Zimmer hat es denn?

V: Nur eins – dafür keine Treppe, kein Stiegenhaus[.]

K: Ist das hier eine ruhige Gegend?

V: Jawohl, im Winter hören Sie nicht einmal das
Auffallen der Schneeflocken, aber dafür gibt es im
Sommer viele Ameisen, aber die gehen ganz leise[.]

K: Wie steht es mit den Toilettenverhältnissen?

V: Closet ist keines im Haus[.]

K: Ja, aber wenn man ......

V: Der Wald ist 5 Minuten von hier entfernt[.]

K: Ja, aber bei Nacht?

V: Auch nur 5 Minuten[.]

K: Wann sind Sie in dieses Haus eingezogen?

V: Einen Tag später[.]

K: So früh schon – und wie ist es mit der Beleuchtung? Gas oder elektrisch?

V: Im Haus und im Freien überall elektrisch[.]

K: Ich sehe aber nirgends eine elektrische Leitung[.]

V: Nur elektrische Taschenlampen, die brennen überall.

K: Wie alt ist das Haus schon?

V: Weiss nicht, hab noch nicht gefragt[.]

K: Sind Hypotheken drauf?

V: Nein, nur ein Kamin[.]

K: Was bedeuten diese 4 Zimmerwände?

V: Das sind Stützen[.]

K: Für was?

V: Fürs Hausdach[.]

K: Ist Ungeziefer im Haus?

V: Nein ich bin noch Junggeselle[.]

K: So – So!

V: Jawohl!

K: Legen Sie ....

V: Nein – ich nicht[.]

K: Einen Moment ....

V: Bitte!

K: Legen Sie ....

V: Nein – aber meine Hühner legen[.]

K: Legen Sie Wert darauf, dass das Haus bald verkauft wird?

V: Sofort – in sofortiger Bälde[.]

K: Kaufen Sie sich dann wieder ein neues Haus?

V: Niemals mehr, ich suche ein altes 1000 Meter tiefes Bergwerk zu mieten[.]

K: Was ein Bergwerk? Und das wollen Sie dann bewohnen?

V: Selbstverständlich!

K: Das ist ja unheimlich[.]

V: Schon – aber sicher!

K: Vor wem?

V: Vor Meteorsteinen[.]

K: Ach so ein Meteorstein fällt doch so selten vom Himmel runter.

V: Ja die Sicherheit geht in dem Fall über die Seltenheit.

Karl Valentin, »Der überängstliche Hausverkäufer«,
in: *Sämtliche Werke, Bd. 4 Dialoge*
© 1996 Piper Verlag GmbH, München.

Die schlimmsten Jahre

Jakob Hein

Mein Leben war von frühester Jugend an furchtbaren Gefahren ausgesetzt, und dass ich heute, entgegen jeder Statistik, Thermodynamik und Vernunft, noch hier bin, verdanke ich nur dem Zufall.

Die erste lebensbedrohliche Gefahr war, Wasser aus dem Wasserhahn zu trinken. Wenn uns unsere Kindergartentante dabei sah, stürzte sie entsetzt auf uns zu, zerrte unsere zarten Körper vom Waschbecken und rief: »Davon bekommt ihr Flöhe im Bauch.« Diese Information wurde später sogar von meiner Großmutter bestätigt. Warum wir diese Flohbrühe zum Waschen und Kochen nehmen konnten, wurde uns nicht erklärt. Ich reduzierte meine persönliche Gefahr, indem ich mir selten die Zähne putzte und noch seltener die Haare wusch. Wasser vom Wasserhahn trank ich weiterhin, besonders seitdem mir Oliver Scholz beigebracht hatte, mit den Händen ein kleines Gefäß zu formen, was viel besser war, als wie eine Katze an dem Strahl zu lecken und dabei vor allem seinen Pullover mit Wasser zu tränken.
Im Magen passierten ohnehin wunderliche Dinge, hier verbanden sich zum Beispiel Speiseeis und Cola

zu einem tödlichen Gift. Wenn man ins Café ging und sich diese Lieblingsspeise und dieses Lieblingsgetränk bestellte, dann schlugen die Erwachsenen nur entsetzt die Hände vors Gesicht, der Kellner wich entsetzt vom Tisch, während die Eltern oder die Oma erklärte, dass man beides zugleich niemals zu sich nehmen dürfe. Zu Eis durfte man nur Tee trinken, und zu Cola sollte man wahrscheinlich Zwieback essen. In der Regel entschied ich mich für einen Eisbecher. Der durfte aber nicht mit Likör sein, so was durften nur Erwachsene haben, wahrscheinlich um das Giftpotential ihrer Zigaretten zu neutralisieren. Der Magen war ein mysteriöser, sehr empfindlicher Ort.

Wenn man Grimassen schnitt oder »eine Fratze machte«, wie wir immer sagten, wurden wir darüber belehrt, dass wir unter Umständen unser ganzes Leben so aussehen würden. Die Kindergartentante konnte es nicht genauer erklären, sie wollte es nur mal gesagt haben, es könnte sein, plötzlich, wupp, und dann müsste man immer so herumlaufen. Wenn wir auf unseren Spaziergängen mal einer ganzen Gruppe von Kindern begegneten, denen das passiert war, wich unsere Kindergartentante allerdings vertiefenden Diskussionen aus. Wir durften auch nicht zu den Kindern gehen und selber fragen, dann brüllte sie ganz aufgeregt herum. Wir haben trotzdem weiter Fratzen gemacht, aber nicht so doll, immer so, dass das Gesicht nicht weh tat, und uns ist nie etwas passiert.

Genauso war es mit dem Schielen, das sollte man auch nicht machen. Mit sechs Jahren bekam ich dann eine Brille, was ich als gerechte Strafe empfand, ich hatte nämlich nicht nur häufig aus Spaß geschielt, sondern auch  noch im Dunkeln gelesen und konnte mich insofern freuen, noch nicht vollständig erblindet zu sein. Trotzdem übte ich schon fleißig, wie das später mal wäre. Im Winter machte ich morgens das Licht nicht im Treppenhaus an, kniff die Augen zusammen und tastete mich langsam auf die Straße. Es ging ganz gut, aber dann sah ich im Fernsehen den Edgar-Wallace-Film »Die toten Augen von London«, darin mordete ein geistig behinderter Blinder seine Opfer im Treppenhaus, nachdem er die Glühbirnen dort kaputtgemacht hatte. In Wirklichkeit war er unschuldig und durfte sterben, während die bösen Hintermänner von Joachim Fuchsberger ins Gefängnis gebracht wurden. Seitdem machte ich wieder das Licht im Treppenhaus an, und wenn in einem Stock die Glühbirne kaputt war, dann ging ich ganz vorsichtig um die Ecke, schön weit weg vom Geländer und nah an der Wand. Denn am Geländer, da hatte er sie immer gekriegt. Es waren die Details, die zählten.

Vom Strafrecht hatten wir damals noch keine Ahnung und drohten uns immer gegenseitig mit Gefängnis. Und das musste schlimmer sein als der Tod, weil es ja wirklich in jedem Western oder Krimi nur für die ganz Schlimmen reserviert war, während auch die besten Kumpels vom Haupthelden am Anfang vom Film, Unschuldige oder unsere Großeltern starben. Noch schlimmer als Gefängnis war die Drohung: »Das sag ich alles deiner Mutti.« Oder, wenn man bekleckert wurde oder im Dreck lag: »Schön, kann deine Mutti waschen.« Mit meinem großen Bruder drohte ich niemals, der hatte mir unmissverständlich klargemacht, dass jede Kontaktaufnahme von mir zu ihm in der Schule oder Schulnähe meinen unmittelbaren Tod zur Folge haben würde.

Der Winter war bei weitem die gefährlichste Jahreszeit. Wir legten Schlitterbahnen auf dem Schulhof an, kurze Pisten, die nach Auskunft unserer Lehrer Autobahnen in den Tod darstellten. Genauso wie das Schlittern unterbanden sie jegliche Schneeballschlacht, da ihnen Erkenntnis vorlag, dass die meisten Schneebälle mit Eis und/oder findlingsgroßen Steinen gefüllt waren. Sie setzten eine ernste, aber verständnisvolle Miene auf, mit der sie uns zu verstehen gaben, dass sie auch für einen guten Spaß zu haben waren, aber im richtigen Rahmen und nachmittags, sie hatten einfach schon an den Särgen zu vieler Schüler nach Schneeballschlachten geweint. Noch schlimmer war nur noch Kippeln. Wenn man auf seinem Stuhl wackelte, wirkte eine starke Gravitationskraft der Hinterbank auf den Hinterkopf, und meistens schlug die Tischkante gleich durch den Schädel, bis nach vorn zur Nasenwurzel – tot.

In späteren Jahren gelang es uns nicht nur, unser eigenes kleines Leben in Gefahr zu bringen, sondern wir gefährdeten andauernd den Sozialismus. Schlechte Mitarbeit, keine Hausaufgaben gemacht – da waren alle Arbeiter und Bauern traurig. Westfernsehen gucken und Comics lesen – dafür hatte der kleine Trompeter nicht die Faschistenkugel gefangen, die eigentlich für uns bestimmt war. Jeden Februar fand eine Lernkonferenz statt, in der unsere Missetaten ausgewertet wurden und wir selbstkritisch überprüfen sollten, wie wir unseren Beitrag für das Vaterland leisten konn-

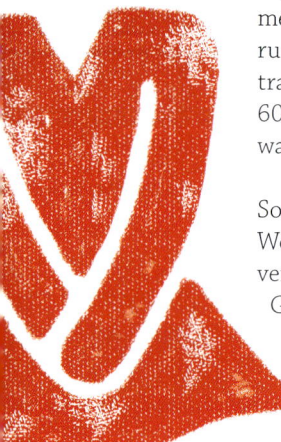

ten. Ich meldete mich meistens für eine Lernpatenschaft mit Bodo Kürtner, weil dessen Oma immer Westsüßigkeiten mitbrachte und wir sowieso meistens nachmittags zusammen rumhingen. Bodo lispelte und wohnte tragischerweise in der Chausseestraße 60, aber er konnte Judo, und deshalb war es kein Problem.

So arbeiteten wir uns langsam zum Weltfrieden vor, für den wir auch verantwortlich waren. Feindliche Gedanken stärkten den Imperialismus und damit die Gefahr eines atomaren Vernichtungsschlags. Die USA hatten eine Neutronenbombe entwickelt, wo nur Menschen starben, aber keine Sachen kaputtgingen. Ich träumte davon, mit Oliver Scholz einen Neutronenbombenkrieg zu überleben und dann ganz allein aus dem Haus zu kommen, mir einfach irgendein Auto zu nehmen und zu Haribo in den Westen zu fahren. Im Westen hätten wir uns natürlich ein Westauto genommen. Erzählen tat ich von solchen Träumen lieber nichts. Wir hatten Unterricht in Zivilverteidigung, wo uns ein Armeeoffizier Tipps und Tricks zum Verhalten beim Atomkrieg verriet. Er sagte, dass, wenn alle in Japan auch Zivilverteidigungsunterricht gehabt hätten, 50 % der Menschen in Hiroshima nicht hätten sterben müssen. Diese interessante Information teilte ich meiner Familie am Abendbrottisch mit. Bei der nächsten Zivilverteidigungsstunde tauchte meine Mutter überraschend in der Schule auf und sprach mit dem Offizier. Sie behauptete, dass seine Äußerungen eine Verhöhnung der Opfer seien. Der Offizier hätte sie bestimmt eines Besseren belehrt, aber da meine Mutter einflocht, dass ihr Vater im Konzentrationslager umgebracht worden sei, merkte er, dass ihr die nötige Distanz für eine sachliche Diskussion fehlte.

Da wir nun alles über den Weltfrieden wussten, beteiligten wir uns aktiv an seiner Erhaltung. Die wichtigste Rolle spielten auch hier wieder Mitarbeit und Hausaufgaben, aber es gab auch andere Mittel. So schrieben wir wöchentlich dem Präsidenten der USA einen Brief. Diese Briefe waren vorabgedruckt in der Zeitung, wir mussten sie nur noch ausfüllen und abschicken. Manchmal setzten wir uns für die Befreiung von Angela Davis, dann für die Abschaffung der Todesstrafe ein. Ich habe zum Beispiel sicherlich mehr richtige Briefe an Pieter Willem Botha als an meine Oma geschrieben. Dafür bekam meine Oma mehr Postkarten. Dabei lernten wir die hohe Kunst des Briefeschreibens. Obwohl ich vor Hass gegen den sogenannten Präsidenten der sogenannten Republik Südafrika brodelte, begann ich meinen Brief dennoch mit der höflichen Anrede »Sehr geehrter Herr Präsident ... « Danach machte ich in einem unterkühlten Tonfall sehr deutlich, dass er schleunigst Nelson Mandela aus dem Gefängnis freilassen sollte und mir ansonsten noch andere Mittel und Wege einfallen würden. Unsere Schreiben verfehlten sicherlich nicht ihre Wirkung.

Ein anderes Mal protestierten wir aufs schärfste gegen die Behauptung, dass sowjetische Kampfflugzeuge ein südkoreanisches Flugzeug abgeschossen haben sollten. Weil mehrere aus unserer Klasse zu der Zeit krank waren, dauerte es ein bisschen länger, bis wir alle Unterschriften zusammenhatten. Einen Tag nachdem wir den Brief abgeschickt hatten, zeigte der sowjetische Verteidigungsminister im Fernsehen, warum der Abschuss des südkoreanischen Flugzeugs das einzige Mittel zur Erhaltung des Weltfriedens gewesen war. Der amerikanische Präsident war sicherlich meistens erschüttert von unseren Briefen, saß auf seinem Stuhl und schüttelte den Kopf, wie denn ein Jakob Hein aus Ostberlin ihm da wieder auf die Schliche gekommen war. Allein, wie der immer an seine geheime Adresse herankam!

Insofern hätte ich es nur fair gefunden, wenn wir ihm wegen des südkoreanischen Flugzeugs noch einen Entschuldigungsbrief geschrieben hätten:

Tut uns leid,
aber:
war besser für
den Weltfrieden.

Dafür fand sich in der Klasse aber keine Mehrheit.

Jakob Hein, »Die schlimmsten Jahre«, in: *Mein erstes T-Shirt*
© 2001 Piper Verlag GmbH, München.

Der Nachtexpress

Sławomir Mrożek

Fünf Minuten vor Abfahrt des Zuges fand ich mein Abteil im Schlafwagen. Zum Glück war außer meinem nur ein Bett besetzt, ich konnte also hoffen, eine ruhige Nacht zu haben. Es lag schon jemand in dem Bett, unter der über den Bart gezogenen Decke sah nur eine blasse spitze Nase hervor.

Ich verlor ihn gleich aus den Augen, denn als ich »Guten Abend« sagte, erhielt ich keine Antwort – um so besser, das heißt, dass er schon schläft und ich keine konventionellen Pflichten habe. Ich setzte mich auf das untere Bett und begann mich auszuziehen.

»Rauchen Sie?«, hörte ich von oben.

»Danke, nein.«

»Ich kann Rauch nicht ausstehen.«

»Sie können beruhigt sein, ich rauche nicht.«

»Aber vielleicht rauchen Sie und gewöhnen es sich jetzt nur ab. Mitten in der Nacht bekommen Sie Lust, und Sie können sich nicht beherrschen.«

»Nein, ich habe nie geraucht.«

Die Stimme verstummte. Ich zog die Socken aus.

»Aber vielleicht fangen Sie an?«

»Was?«

»Zu rauchen. Manche fangen sogar
im hohen Alter noch an.«
»Ich habe nicht die Absicht.«
»Das sagt sich so, und dann tut
man was anderes. Ich würde
das nicht ertragen.«
»Außerdem habe ich gar keine Zigaretten bei
mir.«
»Dann holen Sie sich welche vom Schaffner.«
»Es ist nicht sicher, ob der raucht.«
»Und wenn er raucht?«
»Dann ginge ich auf den Korridor, ich würde
schließlich nicht im Abteil rauchen.«
»Und wenn die Tür klemmt?«
»Schadet nichts, ich rauche ja nicht, ich habe
nie geraucht und habe nicht die Absicht,
damit zu beginnen. Gute Nacht.«
Dieses »Gute Nacht« sagte ich etwas verfrüht,
weil mir ja noch das Hemd und die Hosen abzu-
legen übrigblieb. Aber ich wollte das Gespräch
abbrechen.
Das gelang mir, aber nicht für lange.
Ich schaffte es kaum, das
Hemd auszuziehen, als
er sich wieder verneh-
men ließ: »Machen
Sie nicht das Licht
aus?«

»Mach ich, ich zieh mich nur erst aus.«

»Manche lesen ja gern vor dem Einschlafen, aber dann kann ich nicht schlafen. Ich bin gegen Licht allergisch.«

»Ich bin ein Analphabet.«

»Sie könnten ja Bilder ansehen.«

»Hier gibt es keine illustrierten Bücher.«

»Und Fotografien? Sie haben sicher ein Foto Ihrer Frau, das Sie vor dem Einschlafen ansehen wollen.«

»Ich bin geschieden.«

»Und Kinder?«

»Ich habe keine Kinder.«

»Jeder hat irgendjemanden, der ihm nahesteht.«

»Nein, ich habe keine Fotografien. Wollen Sie mich durchsuchen?«

»Wenn Sie keine Fotografien haben, dann wollen Sie sich sicher Ihre Pickel im Spiegel oder sonst was ansehen … Aber ich ertrage nicht … «

Er redete nicht zu Ende, weil ich das Licht löschte. Er seufzte, und es herrschte Stille, ich war gerade am Einschlafen, als ich die Frage hörte:

»Schnarchen Sie?«

»Nein.«

»Warum nicht?«

»Das hat sich so ergeben.«

»Merkwürdig, im Allgemeinen schnarchen alle, aber mich stört das. Ich bin überempfindlich an den Ohren.«

»Leider kann ich damit nicht dienen.«

»Sind Sie sicher, dass Sie nicht schnarchen?«

»Absolut. Und jetzt erlauben Sie mir bitte, einzu-
schlafen. Ich bin sehr müde.«

Er erlaubte es. Mich weckte ein grelles Licht und ein
Rütteln an der Schulter.

»Hallo Sie, hallo Sie!«

Ich sah seine spitze Nase direkt vor meinem Gesicht.
Aus seinem Bett nach unten gebeugt, zog er mich an
den Ärmeln des Schlafanzugs.

»Bitte, wenn Sie nicht rauchen, nicht schnarchen
und kein Licht anlassen, was machen Sie dann
eigentlich?«

»Wollen Sie das wissen?«

»Ja! Irgendetwas müssen Sie ja tun, nur weiß ich
nicht, was. Das beunruhigt mich so, dass ich nicht
schlafen kann.«

»Ich würge.«

»Was machen Sie?«

»Ich würge. Mit bloßen Händen oder mit Hilfe einer
Schnur. Haben Sie nie von dem berühmten ›Würger
im Nachtexpress‹ gehört? Er verkehrt hauptsächlich
auf dieser Linie. Er kauft als unschuldiger Passagier
eine Schlafwagenkarte und würgt in der Nacht. Am
allerliebsten natürlich dann, wenn außer ihm und
dem Opfer niemand sonst im Abteil ist. Das ist ein
Perverser, aber dieser Perverse bin ich.«

Bis zum Morgen hatte ich Ruhe. Als ich morgens zur Toilette ging, fand ich ihn auf dem Korridor, im Mantel und mit seinem Koffer. Er hatte die ganze Nacht auf seinem Koffer gesessen. Bei meinem Anblick stand er auf, und den Koffer hinter sich herziehend, entfernte er sich zum anderen Ende des Korridors hin.

Er tat mir plötzlich leid. Das Leben eines sensiblen Menschen ist nicht einfach.

Slawomir Mrożek, »Der Nachtexpress«, in: *Das Leben für Anfänger*, aus dem Polnischen von Christa Vogel
© 2004 Diogenes Verlag AG, Zürich.

In Hotels

Urs Widmer

In Genua schlief ich in einem Hotel – das heißt,
ich schlief eben nicht –, da dröhnten unablässig
Vierzig-Tonnen-Lastzüge auf mein Zimmer zu, alle
mit aufgeblendeten Scheinwerfern und so nah vor
mir abdrehend, dass ich bei jedem dachte, nein, der
schafft die Kurve nicht, der wird mich zermalmen.
Der Lärm! – In Siena aber sangen Nachtigallen vor
dem Fenster, und Glühwürmchen flogen. – In Naxos,
vielleicht auch in Paros, war mein Zimmer das hin-
terste von dreien. Ich konnte es nur betreten, wenn
ich durch die beiden andern ging. Im ersten wohnte
ein Paar aus Paris, das tagsüber um Tempelsäulen
strich und ins Gras gestürzte Kolosse vermaß.
Nachts lagen sie stets wie tot nebeneinander. Nie das
Liebestoben, in das ich – *»Pardon, madame! Excu-
sez-moi, monsieur!«* – hineinzuplatzen hoffte. Das
zweite Zimmer gehörte einer Italienerin. Sie saß
den ganzen Tag über auf der Hotelterrasse und las
I promessi sposi, und nachts beäugte sie mich
misstrauisch, wenn ich vorbeischlich, die Decke bis
zur Nasenspitze hochgezogen. – In Niš schlief ich
mit meiner Frau und meiner Mutter in einem Bett.
Wir waren auf der Heimfahrt von Griechenland, und
das Einbettzimmer von Niš war das letzte freie auf

dem ganzen Balkan gewesen. Es gab kein Fenster, nur ein Lüftungsloch hoch oben. Mäuse, die ich für Ratten hielt und die das vielleicht auch waren, fegten unter dem Bett hindurch. Es war so entsetzlich, dass meine Frau und ich, obwohl hellwach, kein Wort sagten. Am nächsten Morgen – mattes Licht floss durch das Loch an der Decke oben – sah meine Frau wie meine Mutter aus und ich wie ihr Urgroßvater. Die Mama aber, putzmunter, hätte unsre Tochter sein können. Sie hatte wie ein Murmeltier geschlafen und rief, wie gut die Idee gewesen sei, das schöne Feriengeld nicht für ein zweites Zimmer verschleudert zu haben. Das würden wir von jetzt ab immer so halten. – In Argos kriegte ich, auf den Balkon tretend, jäh eine monumentale Depression und fand mein Leben, das eben noch ein Honigschlecken gewesen war, eine untragbare Last. Dabei hatte mir Argos, ein griechisches Provinznest mit einer kriegerischen Vergangenheit, gar nichts angetan. – In La Rösa lag ich (ich war etwa zwölf Jahre alt) ganze Tage auf einem Felsen dem Hotel gegenüber, mit einem Feldstecher meines Vaters an den Augen. Ich sah riesig vergrößert die weißen Betten in den Zimmern, die alle auf etwas zu warten schienen, von dem ich noch nicht genau wusste, was es war. Ich erfuhr es auch nicht. Nur einmal kam ein Mann und holte seinen Anorak aus dem Schrank. – In St. Moritz war ich tatsächlich einmal im Hotel Palace, jenem bizarren Schloss, in dem auch Gunter Sachs, Aga Khan oder Maria Callas schlafen oder schliefen. Ein Verleger hatte mich in seine Welt eingeladen, die, damals wenigstens, in keinster Weise meine war. Tatsächlich strafte mich Gott auch sofort für meine Anmaßung, denn ich kotzte die ganze Nacht über, sterbenskrank, weil ich einen alten Fisch gegessen hatte. – Am Balaton-See fanden wir die längste Zeit keinen Ort zum Schlafen. Wir fuhren und fuhren. Es war längst dunkel, und in unsre strahlende Reiselaune mischten sich zunehmend Müdigkeit und Missmut. Da tauchte wie durch ein Wunder ein hell leuchtender Hotelkasten vor uns auf, ein Ozeandampfer auf hoher See. Wir stellten unsern R4 vor den goldglitzernden Eingang und gingen Hand in Hand, wie Hänsel und Gretel, über unendliche Teppiche auf einen Empfangschef zu, der uns in sozialistischer Würde entgegensah. Wir kriegten ein Zimmer. Eine halbe Stunde später saßen wir gebadet und gekämmt im Speisesaal. Kronleuchter, ein gläserklirrendes Gästegewimmel an unzählbaren Tischen. Während wir aßen, beschlich uns allmählich, aber immer unabweisbarer ein Gefühl, dass irgendetwas nicht stimmte. Nur was? Ich prüfte diskret, ob ich den Hosenschlitz zuhatte, und meine Frau, ob nicht alle Knöpfe ihres Rocks hinten offenstanden. Nein, alles bestens. Wir aßen weiter. Plötzlich legte meine Frau die Gabel hin und sagte mit einer endgültigen Stimme: *Sie haben alle Pyjamas an!* Tatsächlich. Alle Gaste an allen Tischen trugen Pyjamas oder Nachthemden. Ihre nackten Füße steckten in Pantoffeln. Das Hotel war kein Hotel, sondern ein Sanatorium für Werktätige, die das Plansoll zehnfach übererfüllt hatten und am Ende ihrer Kräfte waren. Wir, in Jeans und Rock, waren bestürzend *overdressed*. Aber niemand beachtete uns, und wir wurden mit ausgesuchter Höflichkeit bedient. – In Wiler, in einem Berghotel voller ausgestopfter Gemsen, saß ich auf dem Klo, und ein Mann mit einem langen Bart steckte plötzlich den Kopf durch einen Schieber in der gegenüberliegenden Wand, sagte »Ach so!« und verschwand wieder. Schloss den Schieber fast zart. Ich sah ihn nie wieder, während meines ganzen Aufenthalts nicht. Vielleicht wohnte er, ein wegen Blutrache Gesuchter, in einem Hohlraum hinter der Toilettenwand. Vielleicht war er eine Kuckucksuhr, Walliser Variante, und hatte nicht »Ach so«, sondern »Halb zwo« gesagt. – In Uppsala, vielleicht auch in Malmö, in Schweden jedenfalls, übernachtete ein Freund von mir in einem dieser Hotels, die man bereits vergisst, während man sie noch bewohnt. In denen nie etwas geschieht, was man später erzählt. Sheraton, Hilton, Sie wissen, was ich meine. Ein Zimmer ist wie 's andre, immer eine Bibel im Nachttisch und ein Pay-Porno darauf. Das heißt, in einem dieser

Sheratons, das vielleicht auch ein Marriott war, erlebte mein Freund – die Ausnahme von der Regel – eine Geschichte, die sehr erzählenswert ist. Er erzählte sie mir in der Bar eines andern Sheraton, auch in Schweden, in Göteborg nämlich, wo wir zusammen an einer Buchmesse aufgetreten waren, jeder vor etwa zehn Zuhörern, den gleichen zudem. Es war ein großer Schritt für uns gewesen und ein sehr kleiner für die Menschheit. Item. Die Geschichte ging so: Mein Freund tappte mitten in der Nacht, aus dem Tiefschlaf hochschreckend, aufs Klo und trat, statt ins Bad, in den Korridor hinaus. Natürlich fiel die Tür hinter ihm ins Schloss, und klarerweise war er ohne das Plastikkärtchen, das sie wieder geöffnet hätte. Er war splitternackt. Zudem hatte er seine Brille nicht auf und konnte einen Etagenkellner nicht von einem Feuerlöscher unterscheiden. Um das Maß voll zu machen – an dieser Stelle bestellten wir beide ein weiteres Bier –, hatte er ein starkes Schlafmittel eingenommen.

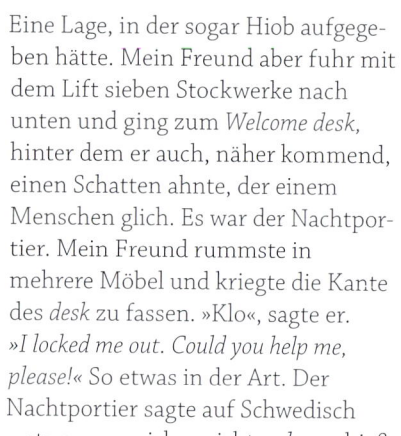

Eine Lage, in der sogar Hiob aufgegeben hätte. Mein Freund aber fuhr mit dem Lift sieben Stockwerke nach unten und ging zum *Welcome desk,* hinter dem er auch, näher kommend, einen Schatten ahnte, der einem Menschen glich. Es war der Nachtportier. Mein Freund rummste in mehrere Möbel und kriegte die Kante des *desk* zu fassen. »Klo«, sagte er. »*I locked me out. Could you help me, please!*« So etwas in der Art. Der Nachtportier sagte auf Schwedisch etwas, was sicher nicht *welcome* hieß. Mein Freund tat einen weiteren Schritt, stolperte über die Lehne eines Sofas und schlief sofort tief. Ich weiß nicht, wie und ob er in dieser Nacht wieder in sein Zimmer kam. Jedenfalls ist er weltweit der einzige Mensch, der in einem Sheraton, das vielleicht auch ein Holiday Inn war, etwas *erlebt* hat. – In Lompoc, California, einem dieser Orte, in denen ein Fremder nur hält, wenn sein Auto kaputtgeht – das war mein Fall –, übernachtete ich in einem Motel. Es sah aus, als sei es für einen Film von John Ford gebaut worden und damals schon alt gewesen. Es wurde, von mir einmal abgesehen, ausschließlich von Ingenieuren einer nahen Basis für Interkontinental-Atomraketen und ihren Frauen bewohnt, pickligen Jünglingen und bleichen Mädchen in Jeans. Die Zimmerwände waren so dünn, dass ich nicht nur das Paar im nächsten Zimmer, sondern auch die Bewohner des über- und überübernächsten hörte. Das Gleiche auf der andern Zimmerseite. Sechs Paare. Sodass ich jetzt weiß, dass die Amerikaner öfter als wir lieben; als ich mindestens. Allerdings auch wesentlich hastiger. Irgendwie abwesend, nebenbei, so als sähen sie gleichzeitig fern. Vielleicht taten sie das tatsächlich, denn ich hörte sechsmal das gleiche Programm, je ferner, desto leiser. Nur die kleinen Schreie der sechs Frauen waren ein bisschen verschieden und die Grunzer der Ingenieure. – Einmal fuhr ich spätnachts durch Montreux und beschloss in einer Eingebung, die Nacht in dem Hotel zu verbringen, in dem der von mir so geliebte Vladimir Nabokov eine Wohnung unterm Dach hatte. Ich kriegte eine Suite, die ein Vermögen kostete, schlief wunderbar und träumte von Lolita. Am nächsten Morgen, auf der Straße, sah ich, dass neben meinem Hotel noch so ein Prunkbau aus dem 19. Jahrhundert stand und dass ich im falschen gewesen war. – In Paris wohnte ich in einem Hotel, auch unterm Dach. Es hieß Hôtel de France und wurde von vier oder zwanzig Nordafrikanern – je nachdem –, zwei Persern und mir bewohnt. Nur Männer. Die Besitzerin (es waren die *early sixties*) erlaubte keinen Damenbesuch. Damen mussten an der Loge vorbeikriechen, hinter der sie saß, etwas, auf das sich die einen einließen, die andern eben nicht. Meine Mutter zum Beispiel (in den *early sixties* besuchten Mütter ihre fernen Söhne) war nicht zum Kriechen zu bewegen, und prompt kam die Besitzerin hinter uns dreingestürzt und sprach die sofortige Kündigung meines Zimmers aus. »*Je suis la mère!*«, rief meine Mutter ein ums andere Mal. »*Tant pis!*«, antwortete die Besitzerin. »*Tant pis, madame!*« Ich versuchte, in all dem Getümmel die Geschichte von Oidipos zu erzählen, ich sei keiner und meine Mama schon gar keine Jocaste, während sie, die Besitzerin, bald der Sphinx gleichen werde, der bekanntlich jemand in einem Streit die Nase abgeschlagen habe. – In Zürich endlich kam ich einmal so spät und so müde im Hotel Pfauen an, dass ich, als zwar alle Türen offenstanden, aber kein Mensch zu sehen war, einfach einen Schlüssel vom Brett nahm und mich ins Bett legte. Am nächsten Morgen war erneut niemand da, und so ging ich halt wieder. – Zudem dienen Hotels natürlich sogenannten Abenteuern. Wem nicht, irgendwann in diesem langen Leben. Ich denke da an Hotels in München, Berlin, Graz, Verona und Venedig. Aber jede und jeder weiß auch, dass die Verjährungsfrist, nach der das Gelebte in herzlicher Unschuld erzählt werden kann, eher dreißig als zwanzig Jahre beträgt. – Eine Regel, an die sich Max Frisch nicht hielt, nachdem er in Montauk mit einer Frau namens Lynn in einem Hotel gewesen war. – Schön sind die erzählten Geschichten: noch viel schöner oft die verschwiegenen. In Basel zum Beispiel, vor vierunddreißig Jahren, merkte die Frau, die ich in ein Hotel verlockt hatte, dass sie, bei Lichte besehen, eigentlich gar nicht mit mir sein wollte, und so zogen wir uns halt wieder an und gingen den Rest der Nacht am Ufer des Rheins auf und ab. – So erlebt man so allerhand in Hotels, was andererseits auch wieder natürlich ist, denn dafür sind Hotels ja da.

Urs Widmer, »In Hotels«, in: *Vor uns die Sintflut*
© 1998 Diogenes Verlag AG, Zürich.

Bildnachweis
Illustration Cover: www.fotolia.de / momanuma
Fotografien und Grafiken Innenteil: Getty Images / Thinkstock

Covergestaltung: arsEdition
Layout Innenteil: www.ingridbraeuer.de, Jutta Kopf
Printed by Tien Wah Press
ISBN 978-3-8458-0353-1